Impressum
Verlag: BABADADA GmbH, Nedderfeld 112 , 22529 Hamburg
Geschäftsführer / Verlagsleitung: Harald Hof
Druck: Books on Demand GmbH, In de Tarpen 42, 22848 Norderstedt

Imprint
Publisher: BABADADA GmbH, Nedderfeld 112 , 22529 Hamburg, Germany
Managing Director / Publishing direction: Harald Hof
Print: Books on Demand GmbH, In de Tarpen 42, 22848 Norderstedt, Germany

école
学校

salle de classe
教室

diviser
除

186/2

tableau noir
黑板

enseignant
老师

cour de récréation
校园

papier
纸

écrire
书写

stylo
钢笔

bureau
办公桌

règle
直尺

livre
书

élève
学生

sac d'école

书包

trousse

铅笔盒

crayon

铅笔

taille-crayon

卷笔刀

gomme

橡皮擦

dictionnaire visuel

图画词典

carnet à dessin

画板

dessin

图画

pinceau

画笔

boîte de peinture

颜料盒

ciseaux

剪刀

colle

胶水

cahier d'exercices

练习册

tâches

家庭作业

12

chiffre

数字

2+2

additionner

加

5-2

soustraire

减

2×2

multiplier

乘

calculer

计算

A

lettre

字母

ABCDEFG
HIJKLMN
OPQRSTU
VWXYZ

alphabet

字母表

école - 学校

3

mot

字

texte

课文

lire

读

craie

粉笔

leçon

上课

livre de classe

登记

examen

考试

certificat

证书

uniforme scolaire

校服

formation

教育

lexique

百科全书

université

大学

microscope

显微镜

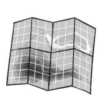

carte

地图

corbeille à papier

废纸筐

hôtel
酒店

auberge
青年旅社

bureau de change
外币兑换处

valise
手提箱

voiture
汽车

langue
语言

oui / non
是/否

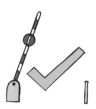

d'accord
好的

Salut
您好

interprète
翻译员

merci
谢谢

Combien coûte...?

......多少钱？

Je ne comprends pas

我不明白

problème

问题

Bonsoir!

晚上好！

Bonjour!

早上好！

Bonne nuit!

晚安！

Au revoir

再见

direction

方向

bagages

行李

sac

包

sac-à-dos

双肩包

hôte

客人

pièce

房间

sac de couchage

睡袋

tente

帐篷

office de tourisme
旅游信息

plage
海滩

carte de crédit
信用卡

petit-déjeuner
早餐

déjeuner
午餐

dîner
晚餐

billet
票

ascenseur
电梯

timbre
邮票

frontière
边界

douane
海关

ambassade
大使馆

visa
签证

passeport
护照

transport
交通运输

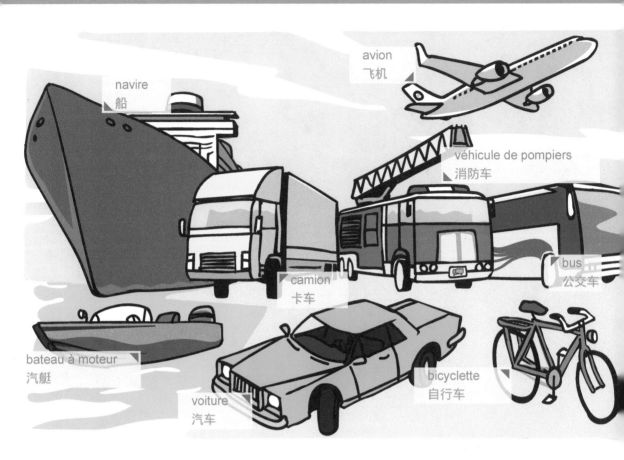

avion
飞机

navire
船

véhicule de pompiers
消防车

bus
公交车

camion
卡车

bateau à moteur
汽艇

bicyclette
自行车

voiture
汽车

ferry
摆渡船

barque
小船

moto
摩托车

voiture de police
警车

voiture de course
赛车

voiture de location
租车

autopartage

拼车

dépanneuse

拖车

benne à ordures

垃圾车

moteur

发动机

essence

汽油

station d'essence

加油站

panneau indicateur

交通标志

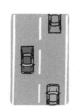

trafic

交通

embouteillage

交通堵塞

parking

停车场

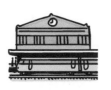

gare

火车站

rails

轨道

train

火车

tram

电车

wagon

货车

hélicoptère
直升机

aéroport
机场

tour
塔

passager
乘客

container
集装箱

carton
纸板箱

chariot
手推车

corbeille
篮子

décoller / atterrir
起飞/降落

ville

城市

village
村庄

centre-ville
市中心

maison
房子

cinéma
电影院

publicité
广告

réverbère
路灯

rue
街道

taxi
出租车

kiosque
小吃店

piéton
行人

trottoir
人行道

feux de circulatic
红绿灯

carrefour
十字路口

passage piéton
斑马线

poubelle
垃圾箱

cabane

小屋

appartement

公寓

gare

火车站

mairie

市政厅

musée

博物馆

école

学校

université

大学

banque

银行

hôpital

医院

hôtel

酒店

pharmacie

药房

bureau

办公室

librairie

书店

magasin

商店

fleuriste

花店

supermarché

超市

marché

市场

grand magasin

百货商店

poissonnerie

鱼店

centre commercial

购物中心

port

海港

parc

公园

banque

长凳

pont

桥

escaliers

楼梯

métro

地铁

tunnel

隧道

arrêt de bus

公交车站

bar

酒吧

restaurant

餐馆

boîte à lettres

邮筒

panneau indicateur

路标

parcomètre

停车计时器

zoo

动物园

réverbère

游泳馆

mosquée

清真寺

ferme

农场

pollution

污染

cimetière

墓地

église

教堂

aire de jeux

操场

temple

寺庙

paysage
地形

feuille
树叶

panneau indicateur
指示牌

chemin
路

pré
草地

pierre
石头

arbre
树

randonneur
徒步旅行者

rivière
河

herbe
草

fleur
花

vallée

峡谷

montagne

山

lac

湖

forêt

森林

désert

沙漠

volcan

火山

château

城堡

arc-en-ciel

彩虹

champignon

蘑菇

palmier

棕榈树

moustique

蚊子

mouche

苍蝇

fourmis

蚂蚁

abeille

蜜蜂

araignée

蜘蛛

scarabée

甲虫

grenouille

青蛙

écureuil

松鼠

hérisson

刺猬

lapin

野兔

chouette

猫头鹰

oiseau

鸟

cygne

天鹅

sanglier

野猪

cerf

鹿

élan

麋鹿

barrage

水坝

éolienne

风力发电机

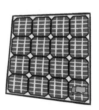

panneau solaire

太阳能电池板

climat

气候

serveur
服务员

menu
菜单

chaise
椅子

soupe
汤

pizza
披萨饼

services
餐具

nappe
桌布

hors d'œuvre

前菜

plat principal

主菜

dessert

甜点

boissons

饮料

alimentation

食物

bouteille

瓶子

fast-food

快餐

plats à emporter

街边小吃

théière

茶壶

sucrier

糖盒

portion

一份饭菜

machine à expresso

意式咖啡机

chaise haute

高脚椅

facture

账单

plateau

托盘

couteau

刀

fourchette

餐叉

cuillère

勺子

cuillère à thé

茶匙

serviette

餐巾

verre

玻璃杯

restaurant - 餐馆

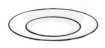

assiette

碟子

assiette à soupe

汤盘

soucoupe

碟子

sauce

酱

salière

盐瓶

moulin à poivre

胡椒磨

vinaigre

醋

huile

食用油

épices

调味料

ketchup

番茄酱

moutarde

芥末

mayonnaise

蛋黄酱

offre promotionnelle
特价

client
顾客

produits laitiers
乳制品

fruits
水果

caddie
购物车

boucherie

肉铺

boulangerie

面包房

peser

称重

légumes

蔬菜

viande

肉

aliments surgelés

冷冻食品

charcuterie

冷盘

conserves

罐头食品

poudre à lessive

洗衣粉

bonbons

甜食

articménagers

日用品

détergents

清洁用品

vendeuse

销售员

caisse

收银机

caissier

收银员

liste d'achats

购物清单

heures d'ouverture

开放时间

portefeuille

钱包

carte de crédit

信用卡

sac

袋子

sac en plastique

塑料袋

supermarché - 超市

boissons

饮料

eau
水

jus de fruit
果汁

lait
牛奶

coca
可乐

vin
红酒

bière
啤酒

alcool
酒

chocolat chaud
可可

thé
茶

café
咖啡

expresso
意式浓缩咖啡

cappuccino
卡布奇诺

banane

香蕉

pomme

苹果

orange

橙子

melon

西瓜

citron

柠檬

carotte

胡萝卜

ail

大蒜

bambou

竹子

oignon

洋葱

champignon

蘑菇

noisettes

坚果

pâtes

面条

spaghettis
意大利面条

riz
米饭

salade
沙拉

frites
薯条

pommes de terre rôties
炸土豆

pizza
披萨饼

hamburger
汉堡包

sandwich
三明治

escalope
炸猪排

jambon
火腿

salami
萨拉米

saucisse
香肠

poulet
鸡肉

rôti
烤肉

poisson
鱼

flocons d'avoine

燕麦片

muesli

穆兹利

cornflakes

玉米片

farine

面粉

croissant

羊角面包

petits-pains

面包卷

pain

面包

pain grillé

烤面包

biscuits

饼干

beurre

黄油

fromage blanc

凝乳

gâteau

蛋糕

œuf

蛋

œuf au plat

煎蛋

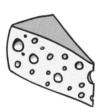

fromage

奶酪

glace

冰激凌

sucre

糖

miel

蜂蜜

confiture

果酱

crème nougat

巧克力酱

curry

咖喱饭

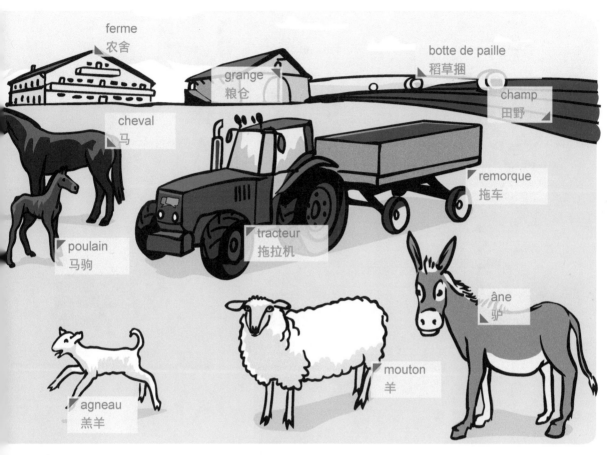

ferme
农舍

grange
粮仓

botte de paille
稻草捆

champ
田野

cheval
马

remorque
拖车

poulain
马驹

tracteur
拖拉机

âne
驴

mouton
羊

agneau
羔羊

chèvre

山羊

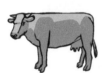

vache

奶牛

veau

牛犊

porc

猪

porcelet

小猪

taureau

公牛

oie

鹅

canard

鸭

poussin

小鸡

poule

母鸡

coq

公鸡

rat

鼠

chat

猫

souris

老鼠

bœuf

牛

chien

狗

chenil

狗屋

tuyau de jardin

花园浇水软管

arrosoir

洒水壶

faucheuse

长柄大镰刀

charrue

犁

faucille

镰刀

pioche

锄头

fourche

长柄草耙

hache

斧头

brouette

独轮手推车

cuve

饲料槽

pot à lait

牛奶罐

sac

麻布袋

clôture

栅栏

étable

马厩

serre

温室

sol

土壤

semences

种子

engrais

肥料

moissonneuse-batteuse

联合收割机

ferme - 农场

récolter

收割

récolte

收割

igname

山药

blé

小麦

soja

大豆

pomme de terre

土豆

maïs

玉米

colza

油菜籽

arbre fruitier

果树

manioc

树薯

céréales

谷物

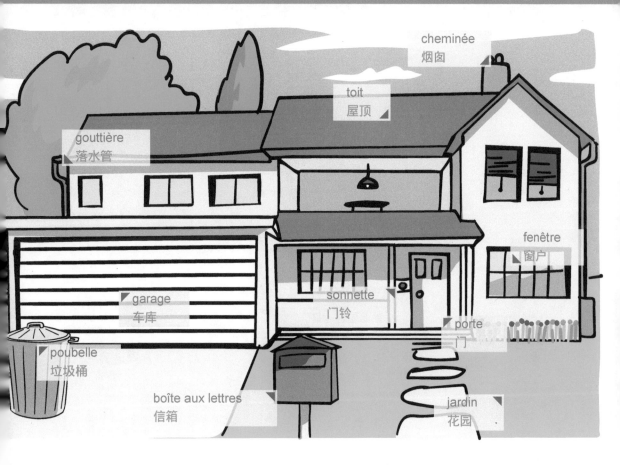

cheminée
烟囱

toit
屋顶

gouttière
落水管

fenêtre
窗户

garage
车库

sonnette
门铃

porte
门

poubelle
垃圾桶

boîte aux lettres
信箱

jardin
花园

salon

客厅

chambre de bain

浴室

cuisine

厨房

chambre à coucher

卧室

chambre d'enfant

儿童房

salle à manger

餐厅

sol

地板

mur

墙壁

plafond

吊顶

cave

地窖

sauna

桑拿

balcon

阳台

terrasse

露台

piscine

游泳池

tondeuse à gazon

割草机

fourre de duvet

被单

couette

床罩

lit

床

balai

扫帚

sceau

水桶

interrupteur

开关

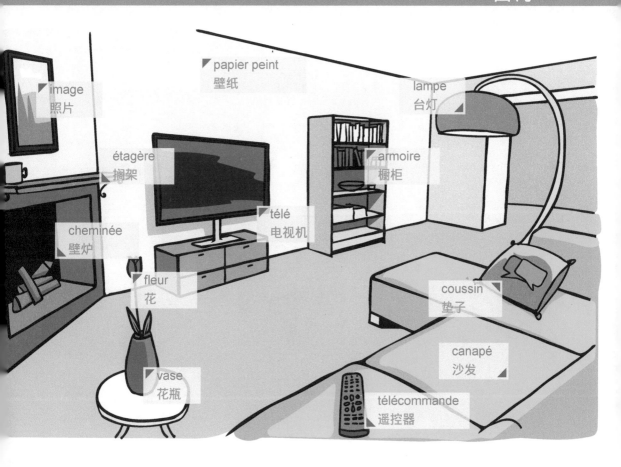

- papier peint 壁纸
- image 照片
- lampe 台灯
- étagère 搁架
- armoire 橱柜
- cheminée 壁炉
- télé 电视机
- fleur 花
- coussin 垫子
- canapé 沙发
- vase 花瓶
- télécommande 遥控器

tapis
地毯

rideau
窗帘

table
餐桌

chaise
椅子

chaise à bascule
摇椅

fauteuil
扶手椅

livre

书

couverture

毯子

décoration

装饰品

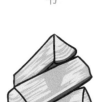

bois de chauffage

木柴

film

电影

chaîne hi-fi

高保真音响

clé

钥匙

journal

报纸

peinture

油画

poster

海报

radio

收音机

bloc-notes

笔记本

aspirateur

吸尘器

cactus

仙人掌

bougie

蜡烛

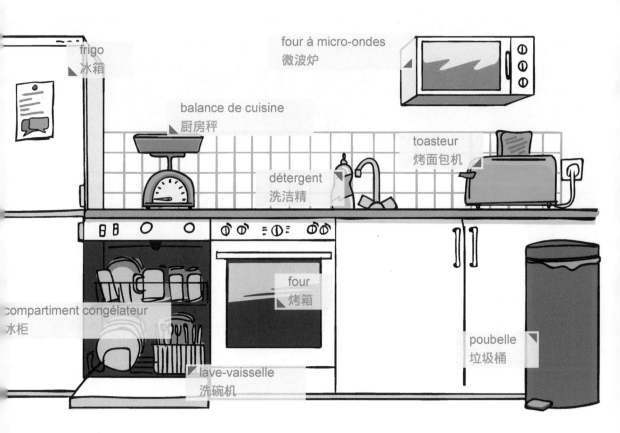

frigo
冰箱

four à micro-ondes
微波炉

balance de cuisine
厨房秤

détergent
洗洁精

toasteur
烤面包机

four
烤箱

compartiment congélateur
水柜

poubelle
垃圾桶

lave-vaisselle
洗碗机

four

炊具

casserole

锅

marmite

铸铁锅

wok/kadai

炒锅

poêle

平底锅

bouilloire électrique

水壶

cuiseur vapeur

蒸锅

plaque de cuisson

烤盘

vaisselle

陶瓷锅

gobelet

马克杯

bol

碗

baguettes

筷子

louche

长柄勺

spatule

铲子

fouet

搅拌器

passoire

滤网

tamis

筛子

râpe

磨碎机

mortier

研钵

barbecue

烧烤

cheminée

明火

planche à découper

菜板

rouleau à pâtisserie

擀面杖

tire-bouchon

开瓶器

boîte

罐子

ouvre-boîte

开罐器

maniques

隔热手套

lavabo

水槽

brosse

刷子

éponge

海绵

mixeur

搅拌机

congélateur

冷藏箱

biberon

奶瓶

robinet

水龙头

chambre de bain

浴室

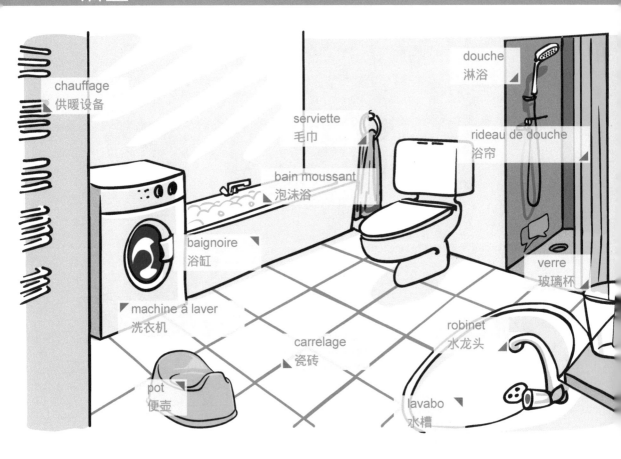

chauffage
供暖设备

douche
淋浴

serviette
毛巾

rideau de douche
浴帘

bain moussant
泡沫浴

baignoire
浴缸

verre
玻璃杯

machine à laver
洗衣机

robinet
水龙头

carrelage
瓷砖

pot
便壶

lavabo
水槽

toilettes

厕所

toilette à turque

蹲便器

bidet

坐浴器

urinoir

小便池

papier toilette

厕纸

brosse à toilette

马桶刷

brosse à dents

牙刷

dentifrice

牙膏

fil dentaire

牙线

laver

洗

douche manuelle

手持式喷淋头

douche intime

冲洗器

vasque

洗脸盆

brosse dorsale

擦背刷

savon

肥皂

gel douche

沐浴露

shampooing

洗发水

gant de toilette

法兰绒

écoulement

排水

crème

乳霜

déodorant

除臭剂

miroir

镜子

miroir cosmétique

手镜

rasoir

剃须刀

mousse à raser

剃须泡沫

après-rasage

须后水

peigne

梳子

brosse

刷子

sèche-cheveux

吹风机

laque pour cheveux

喷发定型剂

fond de teint

化妆品

rouge à lèvres

唇膏

vernis à ongles

指甲油

ouate

化妆棉

coupe-ongles

指甲剪

parfum

香水

trousse de toilette

洗漱包

tabouret

凳子

balance

计重秤

peignoir

浴袍

gants de nettoyage

橡胶手套

tampon

卫生棉条

erviettes hygiéniques

卫生巾

toilette chimique

化学厕所

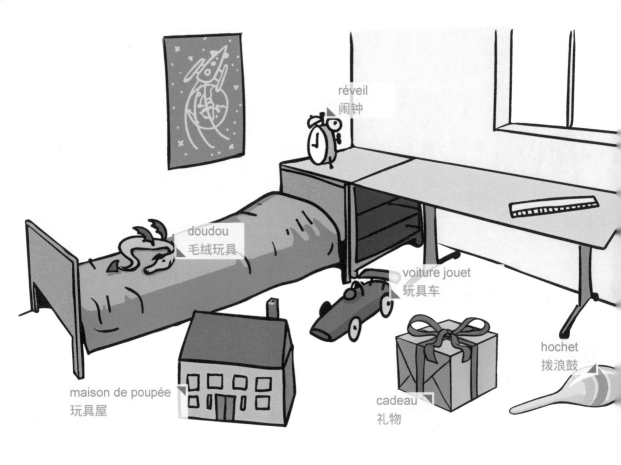

réveil
闹钟

doudou
毛绒玩具

voiture jouet
玩具车

hochet
拨浪鼓

maison de poupée
玩具屋

cadeau
礼物

ballon

气球

lit

床

poussette

（洋娃娃用）婴儿车

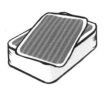

jeu de cartes

扑克牌

puzzle

拼图

bande dessinée

漫画

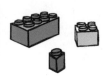

pièces lego

乐高积木

blocs de construction

积木玩具

figurine

玩具人

grenouillère

婴儿服

frisbee

飞盘

mobile

床铃玩具

jeu de société

棋盘游戏

dé

骰子

train miniature

火车模型

sucette

安抚奶嘴

fête

聚会

livre d'images

绘本

balle

球

poupée

洋娃娃

jouer

玩

bac à sable

沙坑

balançoire

秋千

jouets

玩具

console de jeu

游戏机

tricycle

三轮车

ours en peluche

泰迪熊

armoire

衣柜

vêtements

衣服

chaussettes

袜子

bas

长袜

collant

紧身裤

écharpe
围巾

ceinture
皮带

parapluie
雨伞

t-shirt
T恤

baskets
运动鞋

bottes
靴子

pantoufles
拖鞋

sandales
凉鞋

chaussures
鞋

bottes de caoutchouc
雨靴

linge de corps
内裤

soutien-gorge
胸罩

maillot de corps
背心

vêtements - 衣服

body

身体

pantalon

裤子

jean

牛仔裤

jupe

短裙

chemisier

女式衬衫

chemise

衬衫

pull

套头衫

pull-over à capuche

卫衣

veste

西装夹克

veste

夹克

manteau

外套

imperméable

雨衣

costume

套装

robe

连衣裙

robe de mariée

婚纱

costume

西装

chemise de nuit

睡袍

pyjama

睡衣

sari

莎丽

foulard

头巾

turban

包头巾

burqa

波卡

caftan

卡夫坦

abaya

(阿拉伯式)长袍长袍

maillot de bain

泳衣

costume de bain

男式泳裤

cuissettes

短裤

nue d'entraînement

运动服

tablier

围裙

gants

手套

bouton

纽扣

lunettes

眼镜

bracelet

手链

collier

项链

bague

戒指

boucle d'oreille

耳环

bonnet

便帽

cintre

衣架

chapeau

帽子

cravate

领带

fermeture éclair

拉链

casque

头盔

bretelles

背带

uniforme scolaire

校服

uniforme

制服

bavoir

围兜

sucette

安抚奶嘴

couche

尿不湿

bureau
办公室

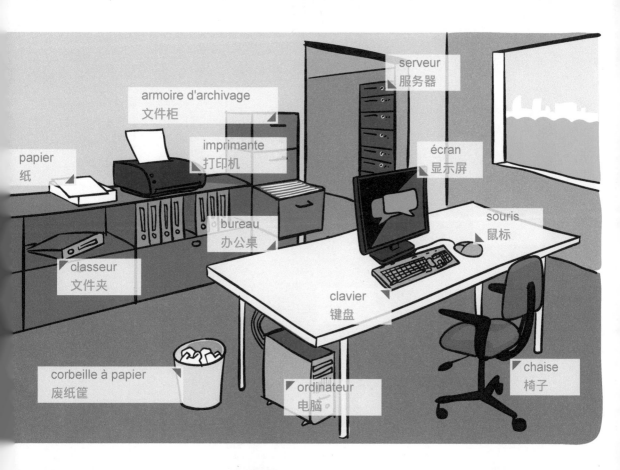

serveur
服务器

armoire d'archivage
文件柜

imprimante
打印机

papier
纸

écran
显示屏

bureau
办公桌

souris
鼠标

classeur
文件夹

clavier
键盘

corbeille à papier
废纸筐

ordinateur
电脑

chaise
椅子

tasse à café

咖啡杯

calculatrice

计算器

internet

因特网

ordinateur portable

笔记本电脑

lettre

信件

message

消息

portable

手机

réseau

网络

photocopieuse

复印机

logiciel

软件

téléphone

电话

prise

插座

fax

传真机

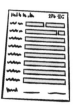

formulaire

表格

document

文件

acheter

买

payer

付钱

marchander

交易

monnaie

现金

dollar

美元

euro

欧元

yen

日元

rouble

卢布

franc suisse

瑞士法郎

renminbi yuan

人民币

roupie

卢比

distributeur automatique

提款处

bureau de change

外币兑换处

or

金

argent

银

pétrole

石油

énergie

能源

prix

价格

contrat

合同

taxe

税金

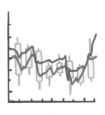

action

股票

travailler

工作

employé

职员

employeur

老板

usine

工厂

magasin

商店

agent de police
警官

pompier
消防员

pilote
飞行员

médecin
医生

cuisinier
厨师

jardinier

园丁

menuisier

木匠

couturière

裁缝

juge

法官

chimiste

化学家

acteur

演员

conducteur de bus

公交车司机

chauffeur de taxi

出租车司机

pêcheur

渔夫

femme de ménage

清洁女工

couvreur

屋顶工

serveur

服务员

chasseur

猎人

peintre

画家

boulanger

面包师

électricien

电工

ouvrier

建筑工人

ingénieur

工程师

boucher

屠夫

plombier

水管工

facteur

邮递员

soldat

士兵

architecte

建筑师

caissier

收银员

fleuriste

花农

coiffeur

理发师

contrôleur

售票员

mécanicien

机械师

capitaine

船长

dentiste

牙医

scientifique

科学家

rabbin

拉比

imam

伊玛目

moine

和尚

prêtre

牧师

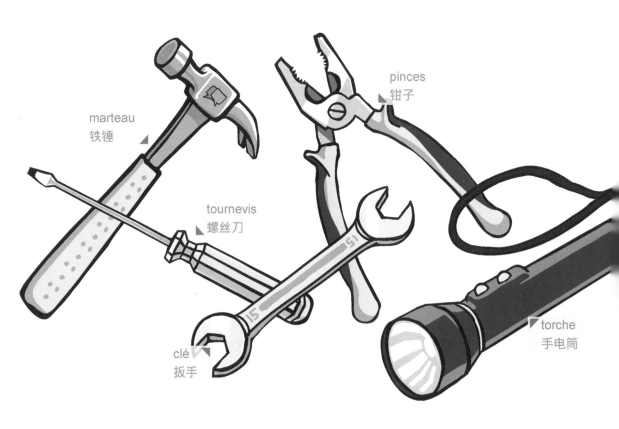

marteau
铁锤

tournevis
螺丝刀

pinces
钳子

clé
扳手

torche
手电筒

pelleteuse

挖掘机

boîte à outils

工具箱

échelle

梯子

scie

锯子

clous

钉子

perceuse

钻机

réparer

修

pelle

铲子

Mince!

靠！

pelle

簸箕

pot de peinture

油漆桶

vis

螺丝

instruments de musique
乐器

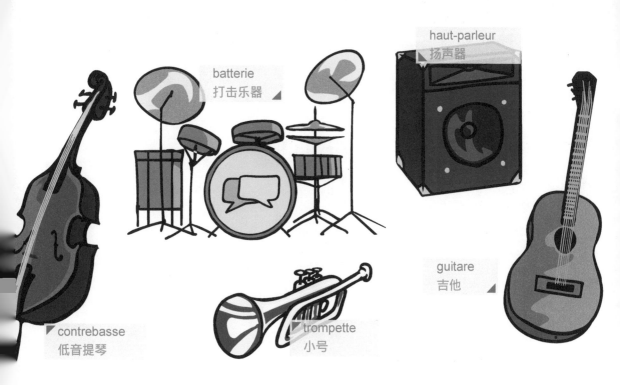

haut-parleur
扬声器

batterie
打击乐器

guitare
吉他

contrebasse
低音提琴

trompette
小号

piano

钢琴

violon

小提琴

basse

贝斯

timbales

定音鼓

tambour

鼓

piano électrique

电子琴

saxophone

萨克斯管

flûte

长笛

microphone

麦克风

instruments de musique - 乐器

tigre
老虎

cage
笼子

zèbre
斑马

alimentation animale
动物饲料

entrée
入口

panda
熊猫

animaux

动物

éléphant

大象

kangourou

袋鼠

rhinocéros

犀牛

gorille

大猩猩

ours

熊

chameau

骆驼

autruche

鸵鸟

lion

狮子

singe

猴子

flamand rose

火烈鸟

perroquet

鹦鹉

ours polaire

北极熊

pingouin

企鹅

requin

鲨鱼

paon

孔雀

serpent

蛇

crocodile

鳄鱼

gardien de zoo

动物园管理员

phoque

海豹

jaguar

美洲豹

poney

矮种马

léopard

豹

hippopotame

河马

girafe

长颈鹿

aigle

老鹰

sanglier

野猪

poisson

鱼

tortue

龟

morse

海象

renard

狐狸

gazelle

羚羊

american Football
橄榄球

cyclisme
骑自行车

tennis
网球

basket-ball
篮球

natation
游泳

boxe
拳击

hockey sur glace
冰球

football
英式足球

badminton
羽毛球

athlétisme
田径

handball
手球

ski
滑雪

polo
马球

sauter
跳

rire
笑

embrasser
拥抱

marcher
走路

chanter
唱

rêver
做梦

prier
祈祷

faire la bise
亲吻

écrire
书写

dessiner
画

montrer
展示

pousser
推

donner
给

prendre
拿

avoir

有

faire

做

être

当

être debout

站

courir

跑

trier

拉

jeter

扔

tomber

摔倒

être couché

躺

attendre

等待

porter

携带

être assis

坐

s'habiller

穿衣

dormir

睡觉

se réveiller

醒来

regarder

看

pleurer

哭

caresser

抚摸

peigner

梳头

parler

交谈

comprendre

明白

demander

问

écouter

听

boire

喝

manger

吃

ranger

清理

aimer

爱

cuire

做饭

conduire

开车

voler

飞

faire de la voile

航行

calculer

计算

lire

读

apprendre

学习

travailler

工作

se marier

结婚

coudre

缝

se brosser les dents

刷牙

tuer

杀

fumer

抽烟

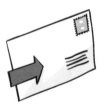

envoyer

寄

grand-mère
且母

grand-père
祖父

père
父亲

mère
母亲

bébé
婴童

fille
女儿

fils
儿子

hôte

客人

tante

阿姨

oncle

叔叔

frère

兄弟

sœur

姐妹

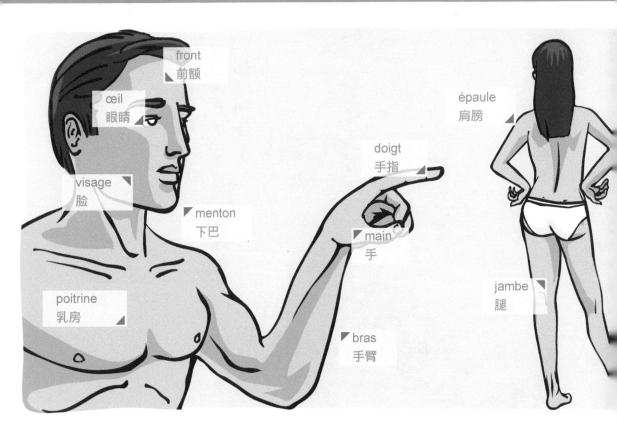

front
前额

œil
眼睛

épaule
肩膀

doigt
手指

visage
脸

menton
下巴

main
手

poitrine
乳房

jambe
腿

bras
手臂

bébé
....
婴童

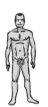

homme
....
男人

femme
....
女人

fille
....
女孩

garçon
....
男孩

tête
....
头

dos

背部

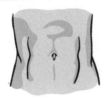

ventre

肚子

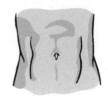

nombril

肚脐

orteil

脚趾

talon

脚后跟

os

骨头

hanche

臀部

genou

膝盖

coude

手肘

nez

鼻子

fesses

屁股

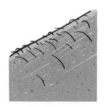

peau

皮肤

joue

脸颊

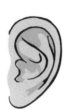

oreille

耳朵

lèvre

嘴唇

bouche

嘴

dent

牙齿

langue

舌头

cerveau

脑

cœur

心脏

muscle

肌肉

poumons

肺

foie

肝脏

estomac

胃

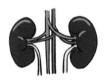

reins

肾脏

rapport sexuel

性交

préservatif

避孕套

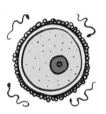

ovule

卵子

sperme

精子

grossesse

怀孕

corps - 身体

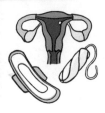

menstruation

月经

vagin

阴道

pénis

阴茎

sourcil

眉毛

cheveux

头发

cou

脖子

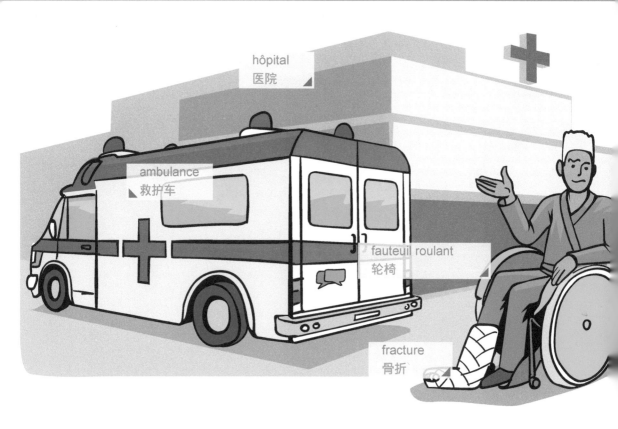

hôpital
医院

ambulance
救护车

fauteuil roulant
轮椅

fracture
骨折

médecin

医生

service des urgences

急诊室

infirmière

护士

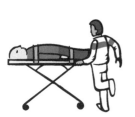

urgence

紧急情况

inconscient

昏迷

douleur

痛

blessure

受伤

hémorragie

出血

crise cardiaque

心脏病发作

attaque cérébrale

中风

allergie

过敏

toux

咳嗽

fièvre

发烧

grippe

流感

diarrhée

腹泻

mal de tête

头痛

cancer

癌症

diabète

糖尿病

chirurgien

外科医生

scalpel

手术刀

opération

手术

CT

CT

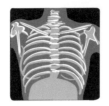

radiographie

X光

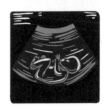

échographie

超声波

masque

口罩

maladie

疾病

salle d'attente

候诊室

béquille

拐杖

pansement

石膏

pansement

绷带

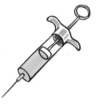

injection

注射

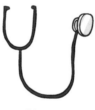

stéthoscope

听诊器

brancard

担架

thermomètre

体温计

accouchement

出生

surpoids

超重

appareil auditif

助听器

désinfectant

消毒液

infection

感染

virus

病毒

VIH / sida

艾滋病

médicament

药物

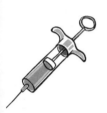

vaccination

接种疫苗

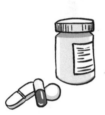

tablettes

药片

pilule

药丸

appel d'urgence

急救电话

tensiomètre

血压计

malade / sain

生病/健康

Au secours!

救命！

alarme

警报

agression

突击

attaque

攻击

danger

危险

sortie de secours

紧急出口

Au feu!

着火啦！

extincteur

灭火器

accident

意外

trousse de premier secours

急救箱

SOS

呼救信号

police

警察

Europe

欧洲

Amérique du Nord

北美洲

Amérique du Sud

南美洲

Afrique

非洲

Asie

亚洲

Australie

澳洲

Océan atlantique

大西洋

Océan pacifique

太平洋

Océan indien

印度洋

Océan antarctique

南冰洋

Océan arctique

北冰洋

Pônord

北极

Pôsud

南极

Antarctique

南极洲

terre

地球

pays

陆地

mer

海

île

岛

nation

国家

état

国家

cadran

钟面

aiguille des heures

时针

aiguille des minutes

分针

guille des secondes

秒针

Quelle heure est-il?

现在几点？

jour

天

temps

时间

maintenant

现在

montre digitale

电子表

minute

分

heure

时

semaine

周

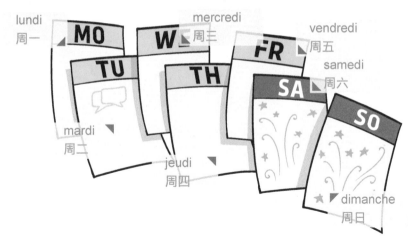

lundi 周一
mardi 周二
mercredi 周三
jeudi 周四
vendredi 周五
samedi 周六
dimanche 周日

hier

昨天

aujourd'hui

今天

demain

明天

matin

早晨

midi

中午

soir

晚上

MO	TU	WE	TH	FR	SA	SU
1	2	3	4	5	6	7
8	9	10	11	12	13	14
15	16	17	18	19	20	21
22	23	24	25	26	27	28
29	30	31	1	2	3	4

jours ouvrables

工作日

MO	TU	WE	TH	FR	SA	SU
1	2	3	4	5	6	7
8	9	10	11	12	13	14
15	16	17	18	19	20	21
22	23	24	25	26	27	28
29	30	31	1	2	3	4

week-end

周末

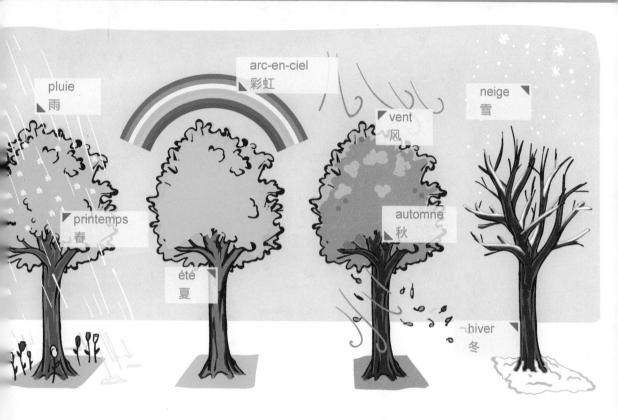

pluie
雨

arc-en-ciel
彩虹

vent
风

neige
雪

printemps
春

été
夏

automne
秋

hiver
冬

météo
天气预报

thermomètre
温度计

lumière du soleil
阳光

nuage
云

brouillard
雾

humidité
潮湿

foudre

闪电

tonnerre

打雷

tempête

风暴

grêle

冰雹

mousson

季风

inondation

洪水

glace

冰

janvier

一月

février

二月

mars

三月

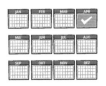

avril

四月

mai

五月

juin

六月

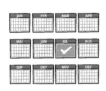

juillet

七月

août

八月

septembre

九月

octobre

十月

novembre

十一月

décembre

十二月

formes

形状

cercle

圆形

carré

正方形

rectangle

长方形

triangle

三角形

sphère

球体

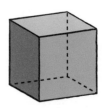

cube

立方体

couleurs
颜色

blanc

白

jaune

黄

orange

橙

rose

粉

rouge

红

violet

紫

bleu

蓝

vert

绿

marron

棕

gris

灰

noir

黑

beaucoup / peu

很多/少许

fâché / calme

生气/平静

joli / laid

美/丑

début / fin

首/尾

grand / petit

大/小

clair / obscure

明/暗

frère / sœur

兄弟/姐妹

propre / sale

干净/肮脏

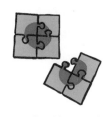

complet / incomplet

完整/缺失

jour / nuit

白天/晚上

mort / vivant

死/生

large / étroit

宽/窄

comestible / incomestible

可食用/非食用

méchant / gentil

邪恶/善良

excité / ennuyé

兴奋/无聊

gros / mince

胖/瘦

premier / dernier

第一/最后

ami / ennemi

朋友/敌人

plein / vide

满/空

dur / souple

硬/软

lourd / léger

重/轻

faim / soif

饿/渴

malade / sain

生病/健康

illégal / légal

非法/合法

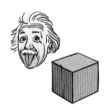

intelligent / stupide

聪明/愚笨

gauche / droite

左/右

proche / loin

近/远

nouveau / usé

新/旧

rien / quelque chose

没有/有些

vieux / jeune

老/幼

marche / arrêt

开/关

ouvert / fermé

打开/合上

faible / fort

安静/吵闹

riche / pauvre

富/穷

correct / incorrect

对/错

rugueux / lisse

粗糙/光滑

triste / heureux

伤心/高兴

court / long

短/长

lent / rapide

慢/快

mouillé / sec

湿/干

chaud / froid

温暖/凉爽

guerre / paix

战争/和平

0

zéro

零

1

un

一

2

deux

二

3

trois

三

4

quatre

四

5

cinq

五

6

six

六

7

sept

七

8

huit

八

9

neuf

九

10

dix

十

11

onze

十一

12

douze

十二

13

treize

十三

14

quatorze

十四

15

quinze

十五

16

seize

十六

17

dix-sept

十七

18

dix-huit

十八

19

dix-neuf

十九

20

vingt

二十

100

cent

百

1.000

mille

千

1.000.000

million

百万

anglais

英语

anglais américain

美式英语

chinois mandarin

普通话

hindi

印地语

espagnol

西班牙语

français

法语

arabe

阿拉伯语

russe

俄语

portugais

葡萄牙语

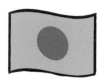

bengali

孟加拉语

allemand

德语

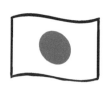

japonais

日语

je

我

tu

你

il / elle

他/她/它

nous

我们

vous

你们

ils / elles

他们

qui?

谁？

quoi?

什么？

comment?

怎样？

où?

哪里？

quand?

什么时候？

nom

名字

où

方位

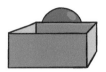

derrière

后面

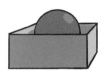

dans

里面

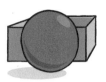

devant

前面

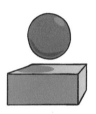

au-dessus

上方

sur

上面

en-dessous

下面

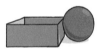

à côté de

旁边

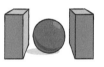

entre

中间

lieu

地点

CPSIA information can be obtained
at www.ICGtesting.com
Printed in the USA
LVHW070022040520
654923LV00008B/207

* 9 7 8 3 7 5 1 1 3 3 4 3 2 *